Das lerne ich in der 1. Klasse

Rolli

Lernen mit Dreh

arsEdition

Liebe Eltern,

Ihr Kind ist Leseanfänger. Lesen Sie ihm deshalb die Aufgabenstellungen vor. Die vier Aufgaben pro Seite kann Ihr Kind dann völlig selbstständig lösen – das motiviert. Als zusätzlicher Anreiz sind die Witze, Tipps und lustigen Rätsel auf den Rückseiten gedacht, die Sie Ihrem Kind vorlesen können.

Welchen Buchstaben hörst du am Ende des Wortes?

n	m	r	a

Wie heißt das giftigste Säugetier?
Die amerikanische Spitzmaus. Sie kann mit ihrem Gift sogar Hunde töten.

Kannst du die kleinen Stücke zu je einer Zahl zusammensetzen?

9	5	3	1

Werner steigt auf das Pferd. „Aber du sitzt ja verkehrt herum!“, sagt Sabine. – „Ach woher willst du denn wissen, in welche Richtung ich reiten will?“

Hilfst du Rolli beim
Aufräumen?
Was gehört wo hinein?

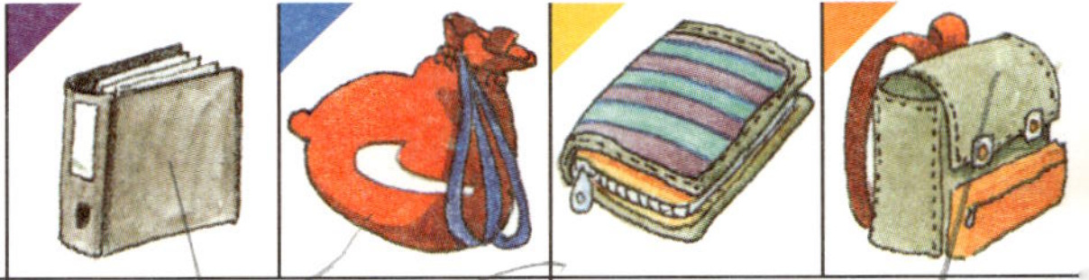

Kennst du den Rolli-Abzählvers?

Welche Wörter reimen sich?

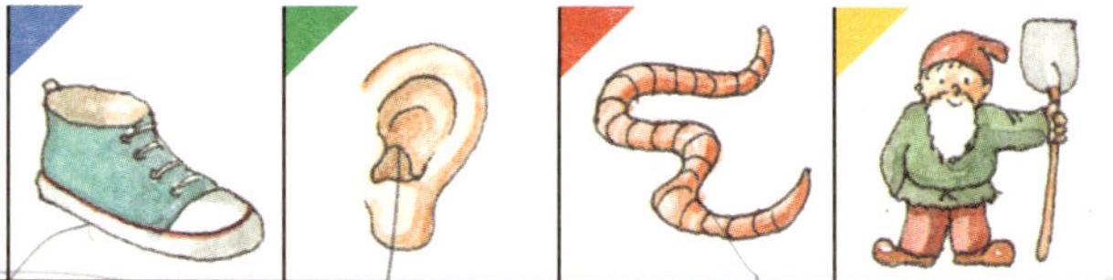

Aber nein, sie springen doch! Kängurus können weite Sprünge machen und kommen somit schnell vorwärts.
Kängurus können mit ihren kurzen, kräftigen Armen ganz ordentlich boxen. Und mit ihren langen Beinen können sie ganz schnell rennen, oder?

Fütterung im Zoo!
Welcher Pinguin
bekommt welchen
Fisch?

„Bis ich den Fisch heraus hatte, musste ich mich eine halbe Stunde lang sehr plagen“, erzählt der Angler seinem Freund. „Oh, das kenne ich“, sagt dieser, „es ist halt einfach ein

Das ist Luise Goldfisch.
Welcher Fisch schwimmt
von dir aus gesehen
direkt links von Luise?

Bettina hat ihre Hausaufgaben
vergessen. Die Lehrerin fragt:
„Weißt du wenigstens,
was du gestern aufgehabt hast?“ –
„Na klar“, sagt Bettina, „meine
neue Basketballmütze …“

Wähle aus!
Welches Wort gehört
zu dem Bild?

Buch	Bauch	Band	Bluse
Bauch	Blume	Bart	Buch
Bart	Buch	Bad	Blume

Kennst du das lustige Namenwort-Spiel? Einer sagt irgendein Wort, das aus zwei Namenwörtern zusammengesetzt ist, zum Beispiel **Baum-Haus**. Der Nächste muss ein zusammengesetztes Wort finden, das mit dem zweiten Bestandteil vom ersten Wort anfängt: **Haus-Tür**. Der Nächste: **Tür-Schloss**. Und immer weiter, bis einem nichts mehr einfällt. Na, wie siehts aus? Weißt du ein Wort mit **Schloss**?

Setze Namenwörter
zusammen.
Welche Wörter kannst
du bilden?

TROPFEN	BAHN
MÜTZE	TURM

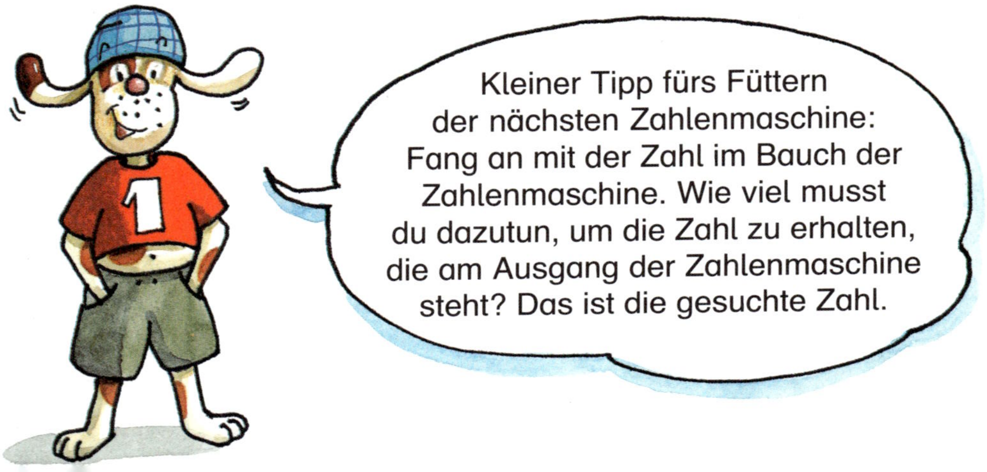
Kleiner Tipp fürs Füttern der nächsten Zahlenmaschine: Fang an mit der Zahl im Bauch der Zahlenmaschine. Wie viel musst du dazutun, um die Zahl zu erhalten, die am Ausgang der Zahlenmaschine steht? Das ist die gesuchte Zahl.

Mit welcher Zahl musst du die Zahlenmaschine vorne füttern, damit das Ergebnis stimmt?

11	6	8	9

Wie kann man das Alter
von Bäumen bestimmen?

An seinen Jahresringen.
Das genaue Alter eines Baumes kann man feststellen, wenn er gefällt wurde und man die Unterseite des Stammes oder den Baumstumpf genau anschaut. Dort erkennt man für jedes Jahr einen Ring.

Rolli kennt sich mit Bäumen gut aus, du auch?
Zu jedem Baum gehört ein Blatt und eine Frucht.

Kastanie	Ahorn
Buche	Eiche

Mmmh, lecker!

Mach doch mal einen Obstsalat aus möglichst bunten Früchten! Du nimmst zum Beispiel grüne Kiwis oder Trauben, gelbe Aprikosen oder Äpfel, rote Erdbeeren oder Kirschen, orange Mandarinen oder Apfelsinen – je nach Jahreszeit, Hauptsache: schön bunt. Du schneidest alles in kleine Stücke, vermischst sie und bestreust das Ganze mit etwas Zucker. Jetzt gießt du noch den Saft von einer gepressten Zitrone drüber. Fertig!

Findest du heraus, was Rolli am liebsten isst?

Spaghetti	Schokoeis
Obstsalat	Pizza

Es ist eine  .

Rolli mag am liebsten die  .

Ein 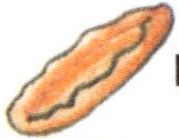 mit  und  obendrauf.

Sie sehen aus wie 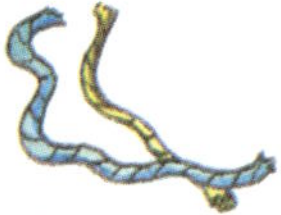 .

Man isst sie mit  Soße.

Man schneidet ,  und  klein und mischt alles zusammen.

Bei klirrender Kälte treffen sich zwei Skelette. „Bitter kalt ist es geworden!“, sagt das eine. – „Das kann man wohl sagen. Man friert bis auf die Knochen ...“

Hier siehst du viele Muster.
Immer zwei sind
genau gleich!

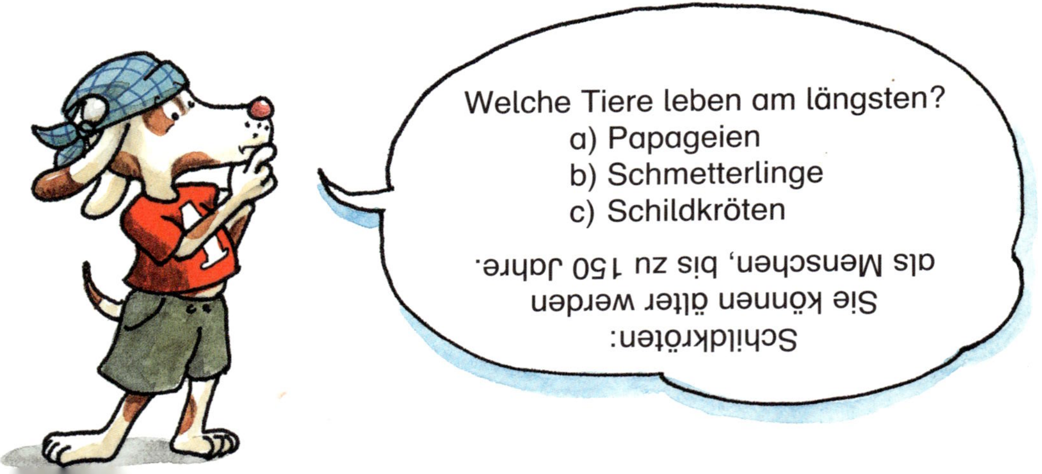
Welche Tiere leben am längsten?
a) Papageien
b) Schmetterlinge
c) Schildkröten
Schildkröten:
Sie können älter werden
als Menschen, bis zu 150 Jahre.

Erkennst du die Zahlen,
die sich in den Tieren versteckt haben?
Rechne sie zusammen.

14	11	10	15

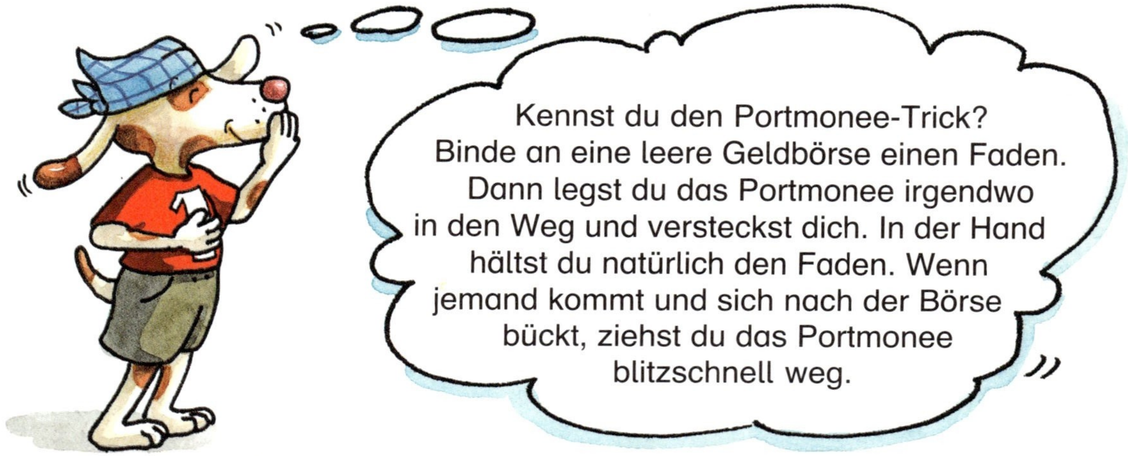
Kennst du den Portmonee-Trick? Binde an eine leere Geldbörse einen Faden. Dann legst du das Portmonee irgendwo in den Weg und versteckst dich. In der Hand hältst du natürlich den Faden. Wenn jemand kommt und sich nach der Börse bückt, ziehst du das Portmonee blitzschnell weg.

Rolli hat 20 Euro.
Wie viel Euro behält er jeweils übrig?

4 €	8 €	6 €	2 €

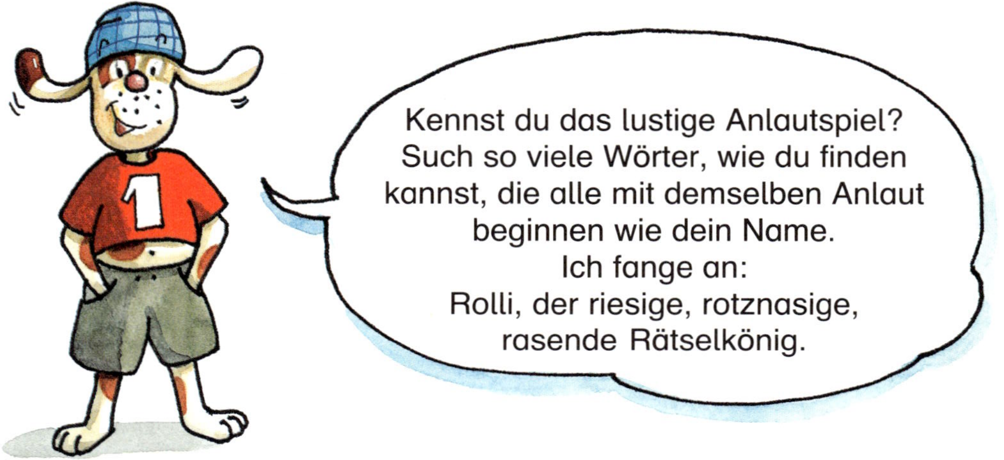
Kennst du das lustige Anlautspiel? Such so viele Wörter, wie du finden kannst, die alle mit demselben Anlaut beginnen wie dein Name. Ich fange an: Rolli, der riesige, rotznasige, rasende Rätselkönig.

Sprich die Namen der
Tiere laut!
An welcher Stelle
hörst du ein „sch“?

Warum vergräbt das Eichhörnchen im Herbst seine Nahrung an verschiedenen Stellen im Waldboden?
Damit es im Winter, wenn es hungrig aufwacht, von diesen Vorräten naschen kann.

Welches Wort passt
zum eingekreisten?

blau 

Wald

Baum 

Reis 

Sonne

heiß 

Sand 

Meer

Band 

Bluse 

Wiese

Blume 

Welches Fahrzeug
wird dazu verwendet, den Belag
einer neuen Straße ganz eben zu machen?

a) Bagger
b) Straßenwalze/Dampfwalze
c) Lastwagen

Die Straßenwalze. Früher
wurde dieses Fahrzeug mit
Dampf betrieben und hieß Dampfwalze.

Die Wörter in einem Kästchen haben
alle die gleiche Endung.
Findest du heraus, welche?

-se | -sche | -sen | -gen

Kir –
Ta –
Fla –

Re –
Ma –
Kra –

Ho –
Wie –
Do –

Ra –
Be –
Ro –

Wie heißt der stachelige Gesellle, der nachts jagt?
Igel.
Der Igel hält tagsüber gern sein Schläfchen in einem Reisighaufen. Wenn es dunkel wird, kommt er hervor, um Schnecken zu fangen.

Finde den richtigen Ausschnitt.

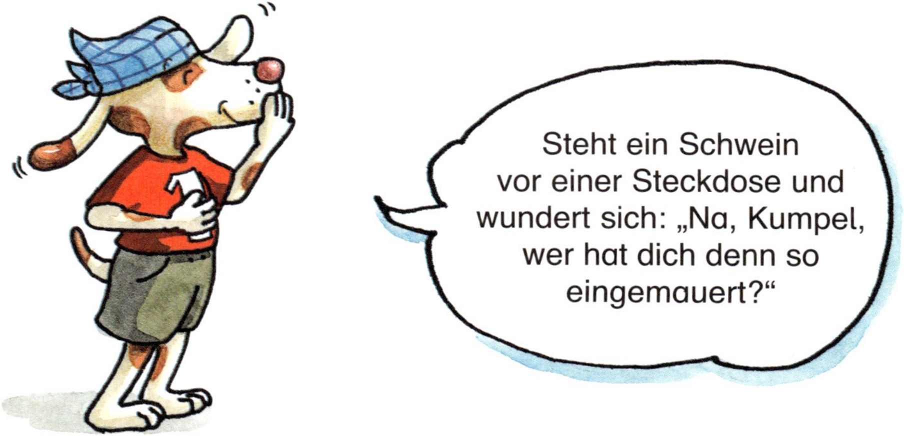
Steht ein Schwein vor einer Steckdose und wundert sich: „Na, Kumpel, wer hat dich denn so eingemauert?“

Die Summe auf jeder Seite des
magischen Dreiecks ist immer 12.
Setze jeweils die fehlende Zahl ein.

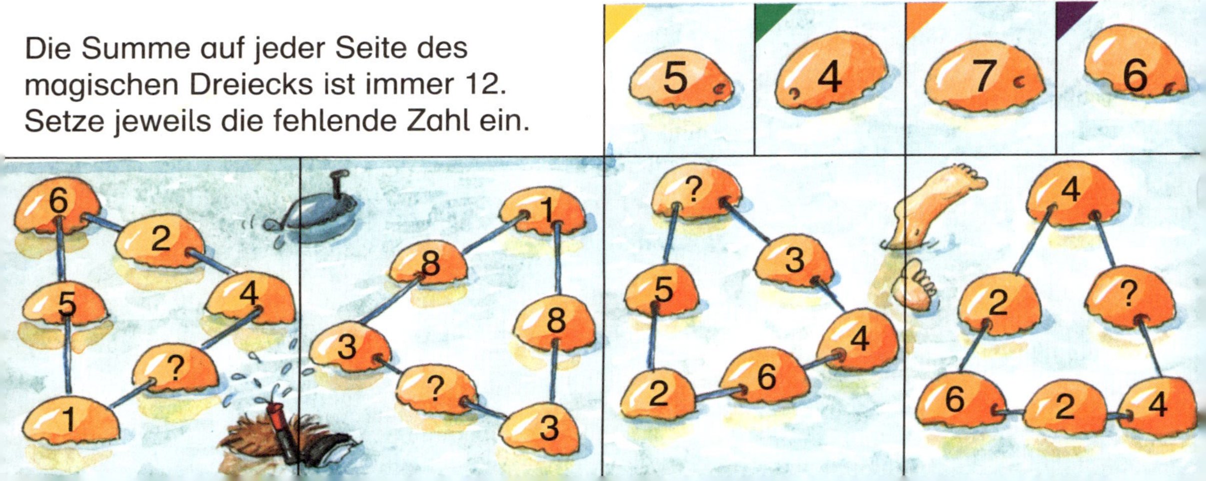

Welchem Vogel wird
nachgesagt, dass er gerne
glitzernde Dinge in sein
Nest verschleppt?

a) dem Stieglitz
b) der Elster
c) dem Paradiesvogel

Der Elster.

Welcher Rennwagen
fährt durch welches Ziel?

Die Parkuhr – man zahlt und zahlt, besitzt sie aber niemals!
Welche Uhr ist die teuerste?

Setze die Silben
zusammen.
Nur ein Tiername
entsteht. Welcher?

Lö
Ze - ge
Zie

La
Ti - ger
Lö

Ka
Ze - gel
Vo

Lö
Ka - we
Ze

Mach doch mal ein eigenes Puzzle! Du malst einfach ein Bild und zerschneidest es dann in große Teile. So ein Puzzle ist ein tolles Geschenk.

Rolli will mit dir ein bisschen puzzeln. Welche Teile gehören zusammen?

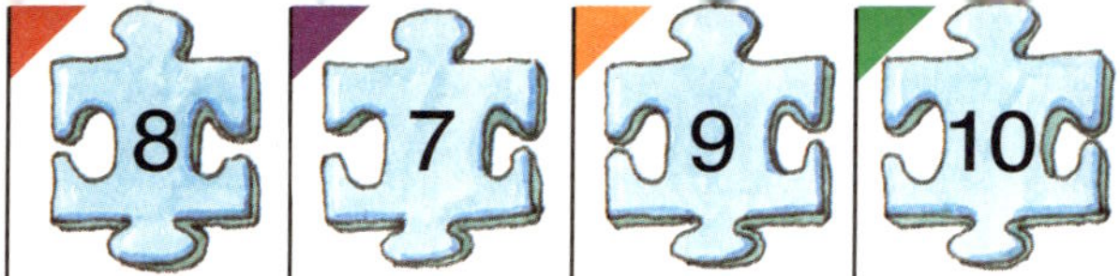

Wie finde ich
eigentlich heraus, ob eine Zahl gerade
oder ungerade ist? Ach ja, stimmt:
Wenn ich eine Zahl nicht in zwei
gleich große Teile zerlegen kann,
ist sie ungerade!
Wie zum Beispiel die 7:

Welche Zahl ist ungerade?

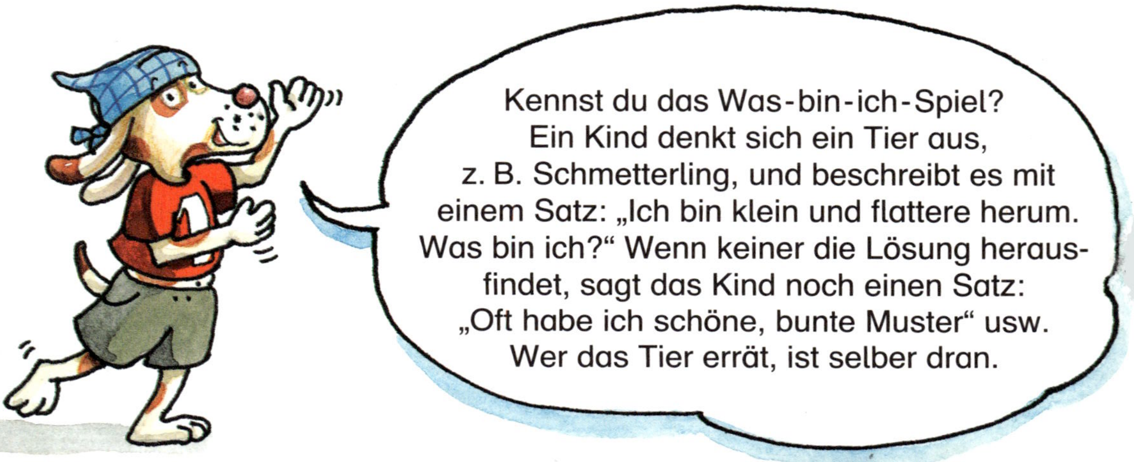
Kennst du das Was-bin-ich-Spiel?
Ein Kind denkt sich ein Tier aus,
z. B. Schmetterling, und beschreibt es mit
einem Satz: „Ich bin klein und flattere herum.
Was bin ich?“ Wenn keiner die Lösung heraus-
findet, sagt das Kind noch einen Satz:
„Oft habe ich schöne, bunte Muster“ usw.
Wer das Tier errät, ist selber dran.

In allen drei Wörtern fehlen Buchstaben.
In welchem Wort kannst du ein „St“ einsetzen?

St | St | St | St

ule 
ock 
onne 

ern 
ocke 
atz 

iegel 
essel 
uhl 

iff 
ein 
aukel 

Welchen Ring
kann man nicht im
Schmuckgeschäft kaufen?
Den Rettungsring.

Finde das Gegenteil.

eckig	traurig
müde	heiß

lustig

wach

kalt

rund

Für die nächste Aufgabe habe ich einen
Spezial-Tipp extra für dich:
Gegenüberliegende Seiten eines Würfels
haben zusammen immer sieben Augen.

Welche Augenzahl befindet sich hinten auf dem Würfel?

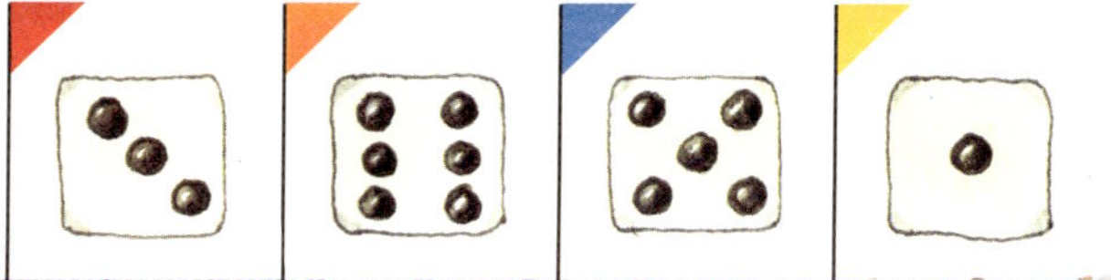

Was macht Rolli bei der nächsten Aufgabe, wenn auf den unteren Steinen eine Zahl fehlt?

Ganz klar, damit die Mauer hält, müssen die unteren Steine zusammen 5 ergeben. 2 steht da schon. Also muss ich noch 3 dazutun! Alles klar?

5	
2	

Rechne zwei nebeneinander liegende Zahlen zusammen, dann erhältst du die Zahl auf dem Stein darüber.

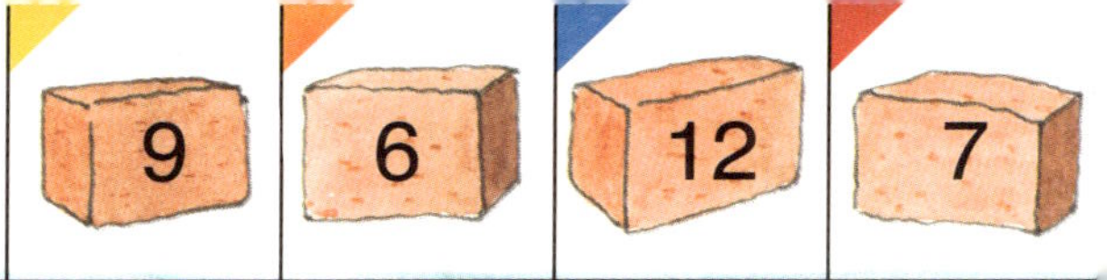

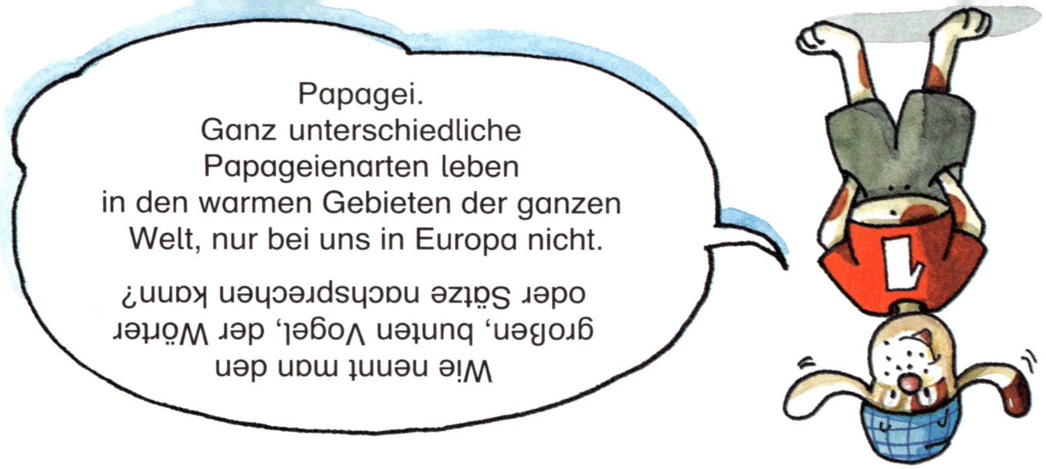
Wie nennt man den
großen, bunten Vogel, der Wörter
oder Sätze nachsprechen kann?
Papagei.
Ganz unterschiedliche
Papageienarten leben
in den warmen Gebieten der ganzen
Welt, nur bei uns in Europa nicht.

Was ist richtig?

Rolli trägt einen blauen Pulli. Rollis Pulli ist rot.	Rolli ist ein Hund. Rolli ist eine Katze.	Sein Fell ist schwarz. Sein Fell ist gefleckt.	Welche Zahl ist auf Rollis Pulli? 3 1

Achtung Scherzfrage:
Wie heißt das stärkste
Tier?
Schnecke:
Sie kann ihr Haus tragen.

Setze die Reihe fort.

13 | 15 | 12 | 11

Kannst du das Kreuzworträtsel lösen?

Suche im Buchstabensalat jeweils das versteckte Kleidungsstück.

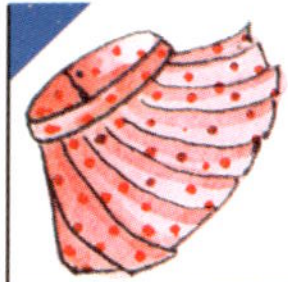

N L X S	R B E M	K N O E	B R I T
H E M D	L O C R	A R S F	D M L U
A K R I	A Z C I	L O M B	F N S C
K Z S T	L T F K	H I P L	Z I K H

Du warst super. Tschüs bis zum nächsten Mal!

Nimm immer zwei Streichhölzer weg.
Welche „schöne“ Form ergibt sich?

Meine Witze und Rätsel habe ich aus:

ISBN 3-7607-5776-6

ISBN 3-7607-5800-2

ISBN 3-7607-5777-4